JUTTA BLÄSIUS

Spielen mit Aktionstabletts

Jahreszeiten

HERDER

FREIBURG · BASEL · WIEN

FSC
www.fsc.org
MIX
Paper | Supporting responsible forestry
FSC® C084698

www.herder.de

Umschlaggestaltung: Sabine Ufer, Annett Jana Berndt
Umschlagfoto und Fotos im Innenteil: Jutta Bläsius

Satz und Gestaltung: Sabine Ufer, Annett Jana Berndt

Herstellung: PNB Print Ltd, Jansili
Printed in Latvia

ISBN (Print) 978-3-451-39522-2
ISBN E-Book (PDF) 978-3-451-83213-0

Inhalt

Die Jahreszeiten spielerisch entdecken 4

Winter 7
Winter 8
Mütze, Schal und Handschuhe 10
Sterne vom Himmel holen 12
Legearbeit Weihnachtskugel 14
Schneegespenster-Suche 16
Jonglage 18

Frühling 21
Den Osterstrauch schmücken 22
Regenwürmer fangen 24
Schmetterlings-Blüten 26
Der Frühlingsbaum 28
Einen Regenbogen fädeln 30
Was krabbelt, fliegt und wächst denn wo? 32

Sommer 35
Auf der Blumenwiese 36
Marienkäfer-Suche 38
Lass die Sonne strahlen 40
Die Schnecken Karla, Klaus und Frida 42
Eis-Zeit 44
Sand löffeln 46

Herbst 49
Igel Stachellos 50
Bunter Drachentanz 52
Blätter sortieren 54
Gold-Eicheln finden 56
Da steckt der Wurm drin 58
Nüsse für das Eichhörnchen 60
Fliegenpilze 62

Die Jahreszeiten spielerisch entdecken

Frühling, Sommer Herbst und Winter – die vier Jahreszeiten begleiten uns jedes Jahr aufs Neue. Schon junge Kinder nehmen die Veränderungen, die die Natur uns dabei bietet, bewusst wahr. So wird es beispielsweise je nach Jahreszeit wärmer oder kälter, früher oder später dunkel. Die Tierwelt zeigt sich im Laufe des Jahres vielfältiger oder zieht sich mehr und mehr zurück. Pflanzen blühen auf und verwelken wieder. Bäume und Sträucher entwickeln Knospen, tragen Blüten, Blätter und Früchte und werfen sie im Herbst und Winter ab. Feste kündigen sich an und wollen gefeiert werden.

All diese Themen können Sie aufgreifen und mit entsprechend gestalteten Aktionstabletts an den Entwicklungsstand der Kinder anpassen. Es entstehen somit vielfältige Lernangebote, die die Kinder an die Natur und ihre Wandlungsfähigkeit heranführen und sie in je unterschiedlichen Entwicklungsbereichen – Grob- und Feinmotorik, Konzentration, Ausdauer, Sprache – fördern.

Ergänzt durch weitere jahreszeitliche Angebote wie Ausflüge in die Natur, Bilderbücher, Mal- und Bastelangebote mit Naturmaterialien oder wechselnden Jahreszeiten-Tischen sind die Aktionstabletts eine wertvolle Möglichkeit, um die Natur in ihrer Vielfalt in die Einrichtung zu bringen.

Das benötigen Sie

Viele Materialien, mit denen Sie ein Aktionstablett rund um die Jahreszeiten zusammenstellen können, liefert die Schöpfung frei Haus. Sammeln Sie z. B. Blumen, Steine, Nüsse, Zapfen, Blätter usw. mit den Kindern bei einem Spaziergang im Wald oder im Außengelände.

Sie brauchen dann lediglich ein paar weitere Dinge wie eine Pinzette, Löffel, ein kleines Kännchen, kleine Schüsseln oder Schälchen etc., um die unterschiedlichsten Aktionstabletts zu gestalten.

Nutzen die Kinder diese Materialien auf den Tabletts, fällt es ihnen auch im Alltag immer leichter, beispielsweise einen großen Löffel richtig zu handhaben oder mit einer kleinen Kanne zu hantieren. Schließlich können sie auf dem Tablett in ihrem eigenen Tempo arbeiten, experimentieren und üben, üben, üben.

Besonders viel Spaß bereitet es, Materialien für ein Tablett selbst herzustellen. Hier können Sie individuell vorgehen, Dinge nutzen, die bereits vorhanden, leicht zu besorgen oder schnell zu basteln sind.

Vielleicht gelingt es Ihnen, die Kinder in die Herstellung mit einzubeziehen. Dadurch bekommen sie einen individuelleren Bezug zu dem Angebot.

Ich lade Sie dazu ein, alle Materialien, die Sie den Kindern anbieten, selbst auszuprobieren, bevor Sie ein Tablett in den Raum stellen. Dadurch erkennen Sie, ob die Dinge funktionsfähig sind, ob sich alle Materialien auf dem Tablett befinden und ob die Kinder die Übung auch bewerkstelligen können (sowohl vom Schwierigkeitsgrad als auch von der Handhabung der Werkzeuge und Materialien her).

So können Sie vorgehen

Ein Aktionstablett herzurichten ist nicht besonders schwierig, wenn Sie bestimmte Kriterien beachten:

1. Beobachtung

Beobachten Sie die Kinder immer wieder, um zu erkennen, welche Themen gerade aktuell sind, welche Herausforderungen anstehen, welche Lernerfahrungen bewältigt werden wollen, mit welchen Techniken, Materialien, Werkzeugen sie sich gerade intensiv beschäftigen. Anhand dieser Beobachtungen können Sie dann individuelle, maßgeschneiderte Tabletts herrichten, die die Kinder in ihrer Entwicklung unterstützen.

2. Auswahl der Materialien und Werkzeuge

Hat sich aus Ihren Beobachtungen ein Thema und eine Lernaufgabe herauskristallisiert, überlegen Sie, welche Materialien und Werkzeuge dazu benötigt werden. Vermeiden Sie ein Zuviel an Material und verzichten Sie auf alles, was die Kinder von der Aufgabe ablenken könnte (z. B. viele bunte Farben, Figuren, Bilder etc.). Bieten Sie nur das an, was wirklich benötigt wird. Achten Sie darauf, dass alle Materialien ausreichend Platz auf dem Tablett haben.

3. Herrichten des Tabletts

Ordnen Sie die Materialien in der Reihenfolge der einzelnen Arbeitsschritte auf dem Tablett an. Arrangieren Sie alles übersichtlich, damit das Kind direkt erkennen kann, worum es hier geht und wie die einzelnen Arbeitsschritte aufeinander aufbauen.

Das Tablett sollte dem Kind ausreichend Platz zum Tätigsein bieten, denn es dient gleichzeitig auch als Arbeitsfläche und begrenzt dadurch den Arbeitsplatz. So verlieren sich die Materialien nicht auf dem Tisch oder dem Teppich.

4. Eingebaute Fehlerkontrolle

Geben Sie dem Kind die Gelegenheit, einen „Fehler", den es vielleicht macht, selbst zu erkennen und zu korrigieren. Dies fördert wiederum seine Selbstständigkeit.

Manche Übungen beinhalten bereits eine Fehlerkontrolle: Wasser, das verschüttet wird, hinterlässt Tropfen. Sand, der nicht vorsichtig gelöffelt wird, fällt auf das Tablett. Bei anderen Übungen ist die Fehlerkontrolle nicht so offensichtlich (siehe: „Da steckt der Wurm drin", S. 58). Hier können Sie kleine Klebepunkte, Kontrollkarten oder Bilder verwenden, mit deren Hilfe die Kinder ihre Arbeit selbstständig und eigenverantwortlich kontrollieren können.

5. Der Platz im Raum

Sorgen Sie dafür, dass jedes Tablett seinen festen Platz im Raum hat. Dieser kann mit einem Foto markiert sein. So weiß das Kind ganz genau, wo es das Tablett findet und wo es die Arbeit wieder abstellt.

Das ist noch wichtig

Junge Kinder stecken vieles in den Mund, um es sinnlich wahrzunehmen. Bedenken Sie dies, wenn Sie ein Tablett zusammenstellen. Benutzen Sie daher nur Materialien, die ungefährlich sind, die junge Kinder nicht verschlucken oder sich in Körperöffnungen stecken können.

Achten Sie auch bei den Werkzeugen, die Sie anbieten darauf, dass keine Gefahr davon ausgeht (z. B. Finger quetschen, schneiden etc.).

Überprüfen Sie regelmäßig die Tabletts und kontrollieren Sie, ob noch alle Dinge funktionsfähig sind. Sortieren Sie aus, was kaputt ist, und ersetzen Sie alles, was verloren gegangen ist.

Tipp

Seien Sie nicht zu dogmatisch mit dem jahreszeitlichen Wechsel der Tabletts. Es kann beispielsweise sinnvoll sein, ein Tablett vom Frühling, das die Kinder lieben und mit dem sie sich immer wieder beschäftigen, über den Sommeranfang hinaus im Regal stehen zu lassen.

Winter

Die Natur wird karger, die Farben grauer. Es wird frostig kalt. Dicke Winterkleidung für die Zeit im Freien ist angesagt. Und auch wenn es scheint, als ob der Winter nicht viel zu bieten hat, gibt es doch einiges in dieser Jahreszeit zu entdecken und zu feiern.
Vielleicht fällt schon früh der erste Schnee und Tierspuren lassen sich darin erkennen. Raureif und Eiskristalle können sich zeigen. Die Adventszeit, der Nikolaus und Weihnachten werden gefeiert, ebenso Karneval / Fastnacht / Fasching.

WINTER

- **Material:** 4–6 unterschiedliche Buchstaben-Vorlagen (Würfel, Plättchen, Buchstabenperlen etc.) mit den Buchstaben W, I, N, T, E, R, laminierter Schriftzug WINTER, kleines Schälchen, Tablett

So kann es gehen

Zeigen Sie dem Kind den Schriftzug und lesen Sie ihm vor, was dort steht. Machen Sie das Kind auf die verschiedenen Buchstaben aufmerksam.

Nehmen Sie nun einen Buchstaben (z. B. vom Buchstaben-Würfel) und suchen Sie darauf das W. Legen Sie ihn unter das W des Schriftzuges. Verfahren Sie mit den restlichen Buchstaben ebenso.

Lassen Sie dann das Kind tätig werden. Hat es alle Buchstaben zugeordnet, kann es die Übung mit weiteren Buchstaben-Vorlagen wiederholen oder das Tablett wegräumen.

WINTER

WINTER

WINTER
WINTER

Mütze, Schal und Handschuhe

- **Material:** 2–3 unterschiedliche Handschuhpaare, Mützen und Schals mit verschiedenen Verschlusstechniken, Korb, Spiegel, Tablett

So kann es gehen

Bitten Sie das Kind, sich eine Mütze, einen Schal oder Handschuhe auszusuchen und anzuziehen. Braucht es dabei Hilfe, so zeigen Sie ihm, wie es geht.

Das Kind kann nun alle möglichen Anziehvarianten der unterschiedlichen Teile nach Belieben ausprobieren.

Im Spiegel kann es kontrollieren, ob alles richtig sitzt.

Am Ende kommen die Kleidungsstücke wieder zurück in den Korb.

Sterne vom Himmel holen

- **Material:** kleine Metallsterne, blauer Deko-Sand, Pinzette, kleines Schälchen, flache Schale (z. B. Deckel einer Schachtel), Tablett

So kann es gehen

Verteilen Sie die Sterne auf dem Sand. Nehmen Sie die Pinzette und greifen Sie damit einen Stern. Legen Sie ihn in das kleine Schälchen. Verfahren Sie mit einem weiteren Stern ebenso. Geben Sie nun dem Kind die Pinzette. Es kann damit die restlichen Sterne vom „Himmel" holen.

Am Ende werden die eingesammelten Sterne wieder auf dem Sand verteilt, damit das nächste Kind direkt mit der Arbeit beginnen kann.

Tipp

Mit unterschiedlichen Pinzetten wird diese Übung leichter oder auch schwieriger.

Variieren Sie zusätzlich die Sterne (größere, kleinere, unterschiedliche Materialien usw.). So bleibt die Übung lange Zeit interessant.

Legearbeit Weihnachtskugel

- **Material:** aufgemalte Weihnachtskugel aus Papier (laminiert), Legematerial (z. B. unterschiedliche Sterne), Sortierbox, Tablett

Vorher ...

Zeichnen Sie auf die Vorder- und die Rückseite des Papiers unterschiedliche Muster (z. B. Spirale, Reihen etc.). So kann das Kind zwischen diesen wählen.

So kann es gehen

Machen Sie das Kind auf die beiden Seiten der Weihnachtskugel aufmerksam. Wählen Sie eine Seite aus und legen Sie die Kugel auf das Tablett.

Öffnen Sie die Sortierbox. Nehmen Sie ein paar Sterne heraus und gestalten Sie damit die Weihnachtskugel.

Lassen Sie nun das Kind die Übung fortführen.

Beendet das Kind die Übung, sortiert es die Materialien wieder in die Box und bringt das Tablett zurück an seinen Platz.

Schneegespenster-Suche

- **Material:** weiße Steine, wasserfester Edding, weißes Papier, Laminiergerät und Folie, Korb, kleines Schälchen, Papierschnipsel (aus dem Schredder), kleine Kiste mit hohem Rand, Tablett

Vorher ...

Nehmen Sie 4–6 Steine und malen Sie mit dem Edding Gesichter z. B. mit unterschiedlichen Mündern darauf. Legen Sie alle Steine in den Korb. Malen Sie zusätzlich kleine Gespenster mit den jeweiligen Gesichtern der Steine auf weißes Papier und laminieren Sie sie.

So kann es gehen

Legen Sie die Papier-Gespenster vor sich. Suchen Sie dann in der Kiste nach einem Stein und schauen Sie ihn sich genau an. Hat er ein Gesicht, machen Sie das Kind darauf aufmerksam. Legen Sie den Stein auf das passende Papier-Gespenst. Hat der Stein kein Gesicht, kommt er zurück in die Kiste.

Laden Sie das Kind nun ein, die Steine genau zu betrachten, um die restlichen Schneegespenster zu finden.

Sind alle Steine mit einem Gesicht herausgesucht, ist die Arbeit beendet. Die Steine kommen wieder in die Kiste, sodass die Schneegespenster-Suche von Neuem beginnen kann, oder das Kind räumt das Tablett weg.

Jonglage

- **Material:** Vorlage Clown (z. B. https://raskrasil.com/de/ausmalbilder-clown-halloween), laminierte „Bälle“, flaches Schälchen, Tablett

So kann es gehen

Machen Sie das Kind auf die Bälle des Clowns, die er jongliert, aufmerksam. Nehmen Sie einen „Ball“ aus dem Schälchen, suchen Sie den dazu passenden auf der Vorlage und legen Sie ihn darauf.
Das Kind kann nun weiterarbeiten.

Tipp

Bieten Sie viele oder wenige Bälle, Bälle mit schwierigeren / leichteren Mustern oder Bälle in unterschiedlichen Farben an. Das macht die Übung schwieriger oder leichter.

ChiLL
YourPlan
on Earth
S.OLIVER
FREE

Frühling

Mit dem Frühling erwacht die Natur wieder zu neuem Leben. Dies zeigt sich sehr deutlich sowohl in der Pflanzen- als auch in der Tierwelt.

Die Frühlingsblumen bringen wieder Farbe in unser Leben. Die Vögel kehren zurück. Die ersten Insekten zeigen sich. Hasen, Hühner, Schafe usw. bekommen um Ostern herum ihre Jungen.

Und auch das Wetter verändert sich langsam wieder, bringt längere Sonnentage ebenso wie wechselhaftes Wetter im April.

Aus all diesen Naturphänomenen lassen sich viele Themen für Aktionstabletts entwickeln. Gehen Sie also wachsam durch die Natur und lassen Sie sich von ihr inspirieren.

Den Osterstrauch schmücken

- **Material:** 2–3 blühende Zweige, Vase, kleine Ostereier zum Aufhängen, Schälchen, Tablett

So kann es gehen

Nehmen Sie ein beliebiges Ei und zeigen Sie dem Kind, wie es den Faden halten muss, um das Osterei an einen Zweig zu hängen. Wiederholen Sie dies noch ein- bis zweimal mit weiteren Eiern.

Zeigen Sie dem Kind anschließend, wie es die Eier wieder von den Zweigen abhängt.

Lassen Sie es dann weiterarbeiten.

Am Ende der Übung müssen sich alle Ostereier wieder in dem Schälchen befinden, damit das nächste Kind tätig werden kann.

Tipp

Bieten Sie den Kindern ausgeblasene Eier an, die sie an die Zweige hängen können. Hier ist besonders viel Fingerspitzengefühl gefragt, denn Eier, die herunterfallen, zerbrechen direkt.

Regenwürmer fangen

- **Material:** 10–15 kleine, selbst gedrehte Kordelstücke aus brauner und rosa Wolle (= Würmer), Wäscheklammer, Pappe, Stifte, Kleber, Plastikwiesen-Stück, kleines „Vogelnest“ (Körbchen), Tablett

Vorher ...

Zeichnen Sie auf den Karton die Umrisse eines Vogels. Schneiden Sie den Vogel aus. Kleben Sie die Wäscheklammer darunter. Achten Sie dabei darauf, dass sich die Klammer zum Schnabel hin öffnen lässt. Laminieren Sie den Vogel, ist er lange haltbar.

So kann es gehen

Verteilen Sie die „Würmer“ auf der Wiese. Nehmen Sie dann die Wäscheklammer und zeigen Sie dem Kind, wie sie gehandhabt wird.

Greifen Sie mit der Klammer einen beliebigen „Wurm“ und legen Sie ihn in dem Nest ab. Verfahren Sie mit einem weiteren Regenwurm ebenso. Geben Sie nun die Klammer dem Kind, sodass es weiterspielen kann.

Sind alle Kordelstücke in dem Vogelnest, ist das Spiel beendet.

Das Tablett wird wieder an seinen Platz gestellt, oder das Kind wiederholt die Übung.

Tipp

Variieren Sie die Wäscheklammer. Drehen Sie aus Wolle sehr dünne (schwieriger zu greifen) oder sehr dicke Kordeln (leichter zu greifen).

T-REX

Schmetterlings-Blüten

- **Material:** Büroklammern in Schmetterlingsform in unterschiedlichen Farben, selbst hergestellte Blüten aus Papier in den Farben der Schmetterlinge, kleines Körbchen, Tablett

Vorher …

Laminieren Sie die selbst hergestellten Blüten. Sie sind dadurch länger haltbar. Außerdem sind sie stabiler, sodass die Kinder die Klammern leichter befestigen können.

So kann es gehen

Nehmen Sie eine Klammer und suchen Sie die farblich dazu passende Blüte. Heften Sie mit langsamen und deutlichen Bewegungen die Klammer an die Blüte.
Lassen Sie das Kind nun einen Schmetterling auswählen und beobachten Sie es dabei, wie es ihn an der Blüte anklammert. Hat es Probleme damit und benötigt es noch ein wenig Hilfe, so zeigen Sie ihm noch einmal, wie es geht. Kommt es mit der Arbeit zurecht, lassen Sie es allein weiterarbeiten.
Am Ende sollen sich alle Klammern wieder in dem Körbchen befinden, damit das nächste Kind tätig werden kann.

Der Frühlingsbaum

- **Material:** laminierte Malvorlage eines Frühlingsbaums mit Blüten, kleine Blüten in der Anzahl der Blüten auf der Vorlage, Pinzette, kleines Schälchen, Tablett

So kann es gehen

Zeigen Sie dem Kind, wie die Pinzette gehandhabt wird und wie es damit eine Blüte aus dem Schälchen greifen kann.

Legen Sie die Blüte auf die Vorlage des Baumes.

Lassen Sie dann das Kind die Arbeit weiterführen.

Sind alle Blüten auf der Vorlage, werden sie wieder mit der Pinzette zurück in das Schälchen gelegt.

39

Einen Regenbogen fädeln

- **Material:** Regenbogen mit Löchern (laminiert), 7 Bänder in den Regenbogenfarben (z. B. Scoubidou-Bänder), Schale, Tablett

Vorher …

Malen Sie den Regenbogen auf etwas dickerem Papier auf. Schneiden Sie ihn aus und stechen Sie Löcher in gleichmäßigen Abständen in die einzelnen Farbreihen. Machen Sie jeweils an einem Ende der Bänder einen Knoten.

So kann es gehen

Nehmen Sie den Regenbogen und machen Sie das Kind auf die Löcher aufmerksam. Starten Sie mit der oberen oder unteren Farbe und nehmen Sie das entsprechende farbige Band aus dem Schälchen.
Zeigen Sie dem Kind den Knoten.
Nehmen Sie das andere Ende der Schnur und stecken Sie es durch das erste Loch. Drehen Sie den Regenbogen um und ziehen Sie das Band heraus. Ziehen Sie die Schnur durch weitere Löcher und machen Sie das Kind darauf aufmerksam, dass die Schnur immer auf der Seite wieder eingesteckt wird, aus der sie herauskommt.
Laden Sie nun das Kind ein, die Arbeit weiterzuführen.
Bitten Sie es, am Ende wieder alle Schnüre herauszuziehen, damit das nächste Kind direkt damit arbeiten kann.

Was krabbelt, fliegt und wächst denn wo?

- **Material:** Bildvorlage Frühlingsbaum (laminiert), selbstklebendes Klettband, Wunderlocher (Blume, Schnecke, Schmetterling, Vogel, Hase), farbiges Papier, Laminiergerät mit Folie, kleines Körbchen, großes Tablett

Vorher …

Stanzen Sie mit dem Wunderlocher die Tiere und Blumen aus farbigem Papier aus und kleben Sie sie auf kleine, quadratische Papiere.

Schneiden Sie das Klettband zurecht und kleben Sie den einen Teil auf die ausgestanzten Kärtchen, den anderen auf den Frühlingsbaum.

So kann es gehen

Zeigen Sie dem Kind die unterschiedlichen Kärtchen und benennen Sie mit ihm, was sich darauf befindet.

Machen Sie das Kind darauf aufmerksam, dass Hasen und Schnecken z. B. auf der Erde leben, Blumen dort wachsen, während Schmetterlinge und Vögel in der Luft fliegen.

Zeigen Sie nun dem Kind, wie es ein Kärtchen passend auf der Vorlage platzieren kann.

Laden Sie es ein, die Tiere und Pflanzen an die richtigen Positionen zu setzen.

Sind alle Kärtchen zugeordnet, werden sie am Ende wieder zurück ins Körbchen gelegt, sodass das nächste Kind tätig werden kann.

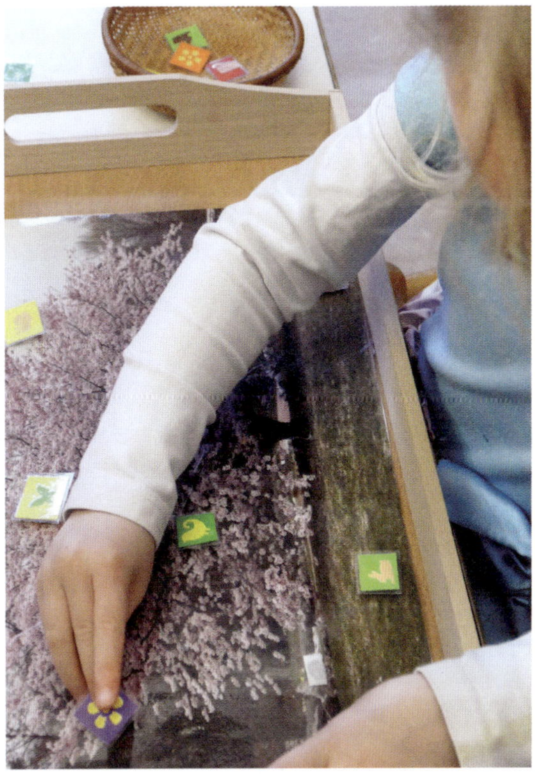

Sommer

„Trarira, der Sommer, der ist da …" Und mit ihm gehen wieder Veränderungen in der Natur einher. Es zeigen sich weitere Tiere (Insekten, Marienkäfer, Schnecken usw.). Die Sonne strahlt länger und es wird zunehmend wärmer. Jetzt halten wir uns besonders gerne in der Natur auf – machen Ausflüge in den Wald, Picknick auf der Wiese, Spaziergänge zu Spielplätzen oder Fahrten zu Parks. Vielleicht steht auch der Sommerurlaub am Meer an, bei dem im größten Sandkasten der Welt fleißig gebuddelt werden kann.

Themen, die sich jetzt für Aktionstabletts eignen, sind z. B. die Sonne, Sand, Wasser, Muscheln, Eis essen, Sommerblumen oder in Urlaub fahren.

Auf der Blumenwiese

- **Material:** flacher Karton, 4–6 Perlen in den Farben der aufgemalten Blumenköpfe, Schälchen, Blumenwiese-Vorlage, Laminiergerät mit Folie

Vorher ...

Malen Sie auf ein Papier die Blumenwiese mit 4–6 Blumen, je nach Entwicklungsstand der Kinder. Schneiden Sie in die Malvorlage und in den Karton kleine, übereinander liegende Löcher, in die die Perlen rollen können.

So kann es gehen

Legen Sie die Perlen in den Karton. Bewegen Sie den Karton langsam hin und her, bis eine Perle in einem Loch gelandet ist. Machen Sie das Kind darauf aufmerksam.
Rollen Sie noch weitere Perlen auf die Löcher. Laden Sie das Kind dann ein, tätig zu werden.

Tipp

Besonders geschickte Kinder können versuchen, die Perlen in die farbig passenden Blütenköpfe zu rollen.

Marienkäfer-Suche

- **Material:** 10 Deko-Marienkäfer, 10 selbst hergestellte Marienkäfer aus Papier (laminiert), wasserfester Edding, Laminiergerät, 2 kleine Schälchen, Tablett

Vorher ...

Malen Sie auf die Rücken der Marienkäfer und auf die Oberseite der Vorlagen Punkte von 1 bis 10. Schreiben Sie auf die Unterseite und auf die Rückseite der Vorlagen die passenden Zahlen von 1 bis 10 (Kontrolle). Laminieren Sie die Vorlagen.

So kann es gehen

Legen Sie die Käfer und die Vorlagen entweder in beliebiger Reihenfolge oder sortiert von 1–10 auf den Tisch.

Nehmen Sie einen Marienkäfer. Zählen Sie mit dem Kind die Punkte auf dem Rücken (nur auf einer Hälfte). Suchen Sie nun den laminierten Käfer mit der gleichen Anzahl an Punkten. Legen Sie die Marienkäfer nebeneinander.

Bitten Sie das Kind, einen weiteren Käfer auszusuchen und die Punkte zu zählen. Lassen Sie es dann die dazu passende Vorlage finden.

Das Kind kann nun allein weiterarbeiten. Sind alle Käfer zugeordnet, können Sie ihm zeigen, wie es seine Arbeit kontrollieren kann. Drehen Sie dazu die Käfer und die Vorlagen um. Sind die Zahlen identisch?

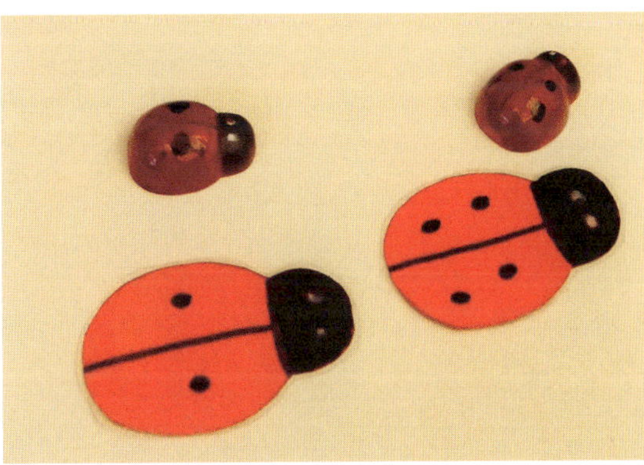

Lass die Sonne strahlen

- **Material:** 3–4 Holzringe, pro Ring 5–6 selbst hergestellte, ca. 20 cm lange Schnüre (z. B. aus gelber oder oranger Wolle gehäkelt, gedreht, geflochten), Schälchen, Tablett

So kann es gehen

Zeigen Sie dem Kind, wie es eine Schnur am Ring befestigen kann (Achterknoten). Arbeiten Sie dabei mit langsamen und deutlichen Bewegungen.

Laden Sie das Kind ein, es selbst zu probieren.

Es kann nun jeweils einen Ring mit den gleichen „Strahlen" bestücken oder die Schnüre untereinander mischen.

Die Schnecken Karla, Klaus und Frida

- **Material:** selbst gehäkelte Schneckenbänder, Tablett

Vorher ...

Häkeln Sie mit festen Maschen unterschiedlich breite Bänder in braun / beiger Wolle. Sie können den Schneckenfuß und den Kopf anhäkeln.
Es reicht aber bereits, wenn Sie einfache Bänder häkeln, die die Kinder rollen können.

So kann es gehen

Nehmen Sie eine Schnecke und legen Sie sie als Band auf den Tisch. Streichen Sie es bei Bedarf glatt. Rollen Sie dann das Band langsam auf, bis die Schnecke zu erkennen ist.
Lassen Sie nun das Kind die Übung mit einem anderen Schneckenband ausführen.

Tipp

Anstelle des gehäkelten Schneckenkopfs und -fußes können Sie Schneckenkörper aus Karton ausschneiden. Das Kind legt dann das gerollte Band darauf.

Eis-Zeit

- **Material:** 21 Magnete, farbige Klebepunkte, Schälchen, selbst gebastelte Eistüten, Metall-Tablett

Vorher ...

Schreiben Sie auf die Eistüten Zahlen z. B. von 1 bis 6.

So kann es gehen

Nehmen Sie eine Eistüte. Ordnen Sie ihr Eisbällchen (Magnete) in der darauf geschriebenen Zahl zu.
Lassen Sie dann das Kind tätig werden.
Sind alle „Eisbällchen“ den Eistüten zugeordnet, werden die Magnete wieder zurück in das Schälchen gelegt.

Sand löffeln

- **Material:** 3 Gläser in unterschiedlichen Größen, Sand, kleiner Löffel, Schale, Tablett

Vorher ...

Achten Sie darauf, dass die Schale leer ist, wenn alle drei Gläser gefüllt sind (Fehlerkontrolle).

So kann es gehen

Das Tablett erklärt sich eigentlich von allein. Das Kind löffelt den Sand und verteilt ihn auf die drei Gläser. Machen Sie es darauf aufmerksam, langsam und konzentriert zu arbeiten, damit kein Sand auf das Tablett, den Tisch oder den Boden fällt.

Das Kind schüttet den Sand am Ende wieder in die Schale. Es kann die Arbeit nun wiederholen oder das Tablett zurück ins Regal bringen.

Tipp

Tauschen Sie den Sand aus. Es gibt sehr feinen und sehr grobkörnigen. Beide ermöglichen unterschiedliche Erfahrungen.

SPIRIT OF
FREEDOM

SPIRIT OF
FREEDOM

Herbst

Die Natur wandelt nun wieder einmal langsam aber stetig ihr Kleid. Die Blätter färben sich, das Sonnenlicht wird weicher, die Herbstfrüchte (Obst, Gemüse, Waldfrüchte) werden reif, die Tiere beginnen ihren Wintervorrat zu sammeln, Nebel, der Regen und die Winde nehmen wieder zu.
Kastanien, Eicheln, Nüsse, Bucheckern, Hagebutten, bunte Blätter, Obst, Gemüse, Kürbisse, im Wind tanzende Drachen, Eichhörnchen, kleine Mäuse, Igel, der beginnende Winterschlaf mancher Tiere, der Regen oder weitere Wettererscheinungen, Pfützen, Gummistiefel und Regenkleidung sind nur einige Themen, die Sie den Kindern im Herbst als Lernangebote auf Aktionstabletts anbieten können. Beim Aufenthalt in der Natur werden Sie sicher viele weitere Dinge entdecken, die die Kinder begeistern.

Igel Stachellos

- **Material:** kleiner Igel (z. B. selbst gehäkelt oder kleines Stofftier), Zahnstocher (je nach Größe des Igels), kleines Schälchen, Tablett

So kann es gehen

Nehmen Sie einen Zahnstocher und stecken Sie ihn höchstens bis zur Hälfte in den Igel. Machen Sie das Kind darauf aufmerksam, dass es den Zahnstocher nicht komplett in den Igel steckt. Dann ist es schwierig, ihn am Ende wieder herauszuziehen.

Lassen Sie das Kind nun die restlichen Zahnstocher in den Igel stecken, sodass er nicht mehr stachellos ist.

Evtl. können Sie das Kind darauf aufmerksam machen, dass es die Hölzchen gleichmäßig über den Körper verteilt.

Tipp

Bieten Sie älteren Kindern Stecknadeln an, die sie als Stacheln in den Igel stecken können. Das erfordert sehr viel Fingerspitzengefühl.

Bunter Drachentanz

- **Material: s**elbst gebastelte Drachen-Vorlagen (s. Fotos), kleine Papierschleifen in 4–6 unterschiedlichen Farben, kleines Schälchen, Tablett

So kann es gehen

Wählen Sie eine beliebige Vorlage aus. Suchen Sie eine Schleife, die darauf abgebildet ist, und legen Sie sie auf den Drachenschwanz. Das Kind führt die Arbeit fort, indem es die restlichen fehlenden Schleifen auflegt.

Dann kann es die Übung beenden oder sich eine weitere Vorlage aussuchen.

Am Ende kommen alle Schleifen wieder zurück in das Schälchen, sodass ein anderes Kind direkt mit dem Spiel beginnen kann.

Blätter sortieren

- **Material:** selbst hergestellte Vorlagen mit Umrissen von 4–6 unterschiedlichen Blattformen, dazu passende gepresste und laminierte Blätter, Kästchen, Tablett

So kann es gehen

Legen Sie die Vorlagen nebeneinander aus. Nehmen Sie ein beliebiges gepresstes Blatt. Suchen Sie die dazu passende Vorlage. Machen Sie das Kind dabei darauf aufmerksam, worauf zu achten ist (z. B. Blattrand, Blattgröße, Blattform).
Legen Sie das Blatt vor die passende Vorlage.
Verfahren Sie mit einem weiteren Blatt ebenso, oder lassen Sie direkt das Kind tätig werden.
Sind alle Blätter zugeordnet, wird die Arbeit aufgeräumt oder das Kind wiederholt sie.

NEW YORK

Gold-Eicheln finden

- **Material:** Eicheln, 10 Pailletten in Gold, Kleber, kleines Kästchen mit 10 Fächern, Korb, Tablett

Vorher ...

Kleben Sie auf die stumpfen Seiten von zehn Eicheln je eine Paillette in Gold. Ist der Kleber getrocknet, mischen Sie die Eicheln unter die anderen.

So kann es gehen

Laden Sie das Kind dazu ein, die Gold-Eicheln im Korb zu finden.
Jede gefundene Herbstfrucht kommt in ein Fach des Kästchens.
Sind alle Fächer gefüllt, ist das Spiel zu Ende.
Die Eicheln kommen wieder zurück in den Korb.
Das Kind kann das Spiel wiederholen oder das Tablett wieder zurück an seinen Platz bringen.

Da steckt der Wurm drin

- **Material:** selbst hergestellte Apfel-Vorlagen (s. Foto), Kärtchen mit Zahlen von 1–5, 5 Wäscheklammern, 10 kleine Klebepunkte in 5 Farben, Schälchen, Tablett

Vorher ...

Kleben Sie je einen Klebepunkt in der gleichen Farbe auf einen Apfel und die dazu passende Zahlenkarte (Fehlerkontrolle).

So kann es gehen

Nehmen Sie eine beliebige Apfelvorlage und machen Sie das Kind auf den Wurm / die Würmer aufmerksam. Zählen Sie die Würmer. Suchen Sie die dazu passende Klammer / Zahlenkarte und klammern Sie sie an den Apfel.

Bitten Sie das Kind nun, einen Apfel auszusuchen, die Würmer zu zählen und die entsprechende Zahlenkarte am Apfel zu befestigen.

Lassen Sie das Kind die Übung zu Ende führen. Zeigen Sie ihm dann, wie es kontrollieren kann, ob die Zahlen richtig zugeordnet sind (Klebepunkte auf der Rückseite der Äpfel und der Zahlenkarten).

Tipp

Bieten Sie den Kindern einen größeren Zahlenraum an (1 bis 10).

3

5

Nüsse für das Eichhörnchen

- **Material:** 16–20 Walnüsse, Reis, Heißkleber mit -pistole, kleine Eichhörnchen-Figur, Kleber, Körbchen, 2 Schälchen, Tablett

Vorher …

Öffnen Sie vorsichtig 8–10 Walnüsse, sodass sie sie später wieder zusammenkleben können. Füllen Sie sie mit ein wenig Reis und kleben Sie sie wieder zusammen. Legen Sie die Nüsse in das Körbchen. Kleben Sie ein kleines Eichhörnchen (z. B. von Schleich) an dem Rand eines der Schälchen fest.

So kann es gehen

Nehmen Sie eine beliebige Nuss. Schütteln Sie sie leicht.
Ist nichts zu hören, handelt es sich um eine taube Nuss, die das Eichhörnchen nicht mag. Die Nuss kommt daher in das Schälchen, auf dem das Eichhörnchen nicht sitzt.
Schütteln Sie die Nuss leicht und der Reis ist zu hören, ist die Nuss okay. Das Eichhörnchen mag sie. Daher kommt sie in das Schälchen, auf dem das Eichhörnchen sitzt. Lassen Sie das Kind die Arbeit zu Ende führen.
Sind alle Nüsse sortiert, kommen sie am Ende wieder in das Körbchen.

Tipp

Bieten Sie den Kindern leere und normale Walnüsse zum Sortieren an. Hier müssen sie darauf achten, ob sich die Nüsse leicht oder schwer anfühlen.

SPIDER-MAN

Fliegenpilze

- **Material:** 4–6 Fliegenpilz-Vorlagen, kleine weiße Papierknäuel, Pinzette, Schälchen, Tablett

Vorher …

Sprechen Sie mit den Kindern im Vorfeld der Übung über Pilze, insbesondere darüber, dass Fliegenpilze giftig sind.

Malen Sie die Pilze auf eine Vorlage. Stellen Sie die auf den Pilzen vorgegebene Menge an Punkten her, indem Sie z. B. weißes, weiches Papier zusammendrücken und als kleine Kugel formen.

So kann es gehen

Nehmen Sie mit der Pinzette eine kleine Kugel aus dem Schälchen und legen Sie sie auf einen der Pilze. Wiederholen Sie dies so oft, bis alle Punkte des Pilzes belegt sind.

Das Kind kann nun weiterarbeiten und die restlichen Punkte den Pilzen zuordnen. Am Ende darf kein Punkt mehr in dem Schälchen sein.

Tipp

Schreiben Sie die Anzahl der Punkte auf die Stiele der Fliegenpilze. Dann können ältere Kinder die Punkte aus dem Schälchen den jeweiligen Zahlen zuordnen und auflegen.

SPIDER-MAN